Christa Spilling-Nöker

Zur Weihnacht

Gedanken an dich

kiefel

Das Geheimnis von Weihnachten
zieht auch dich alljährlich
in seinen unerklärlichen Bann.

Ich wünsche dir

eine frohe Weihnachtszeit,
Augenblicke, in denen dein Herz
so tief von der Botschaft der Freude
berührt und ergriffen wird,
dass du all deinen Kummer
über Bord werfen kannst
und der Zukunft
mit neu geborener Hoffnung
entgegenträumst.

Auf bunten Märkten
mit all ihrem Flitter,
Glitter und Glanz
hast du dich freudig in
»Weihnachtsstimmung« gebracht.

Bewahre dir etwas
von diesen Gefühlen,
die dich der Nüchternheit
des alltäglichen Daseins
für einige Tage entheben,
denn sie lassen dich
etwas von dem ahnen,
was »Seligkeit« ist.

Wenn sich am Abend die Dämmerung
wie eine dunkle Decke
über Stadt und Land legt,
dann versuche, zur Ruhe zu kommen
und Einkehr zu halten
bei dir selbst.

Zünde dir eine Kerze an

und versinke in deinen Gedanken
und deinen Träumen.
Die Stille weist dir den Weg
zu deiner eigenen Tiefe und Mitte
und lässt dich im Verborgenen
schon ahnen,
was an Neuem in dir wachsen
und schon bald das Licht der Welt
erblicken will.

Warum sollte gerade mir
ein Engel begegnen?

fragst du dich verwundert
wie einst die Hirten
auf weitem Feld.

Vielleicht, weil die Engel
gerade bei jenen Menschen
Einkehr halten,
die am wenigsten
an ihre Wirklichkeit glauben,
und die zugleich ihrer heilenden
und rettenden Kraft
am stärksten bedürftig sind.

Ich wünsche dir,

dass du Weihnachten
mit all deinen Sinnen
erleben und genießen kannst.

Öffne deine Augen
für den Lichterglanz am Weihnachtsbaum
und deine Ohren für die Lieder,
die von Freude und Frieden singen.
Atme den Duft der Tannen ein
und lass dir die Plätzchen,
die nach Marzipan, Zimt, Anis
oder anderen Gewürzen schmecken,
auf der Zunge zergehen.
Umarme einen dir nahe stehenden Menschen
in Zärtlichkeit,
damit der Funken deiner Liebe
auf ihn überspringt.

Die Sterne sind es,

die dir im Dunkel der Nacht
Orientierung schenken wollen,
wie es mit dir in Zukunft
weitergehen kann.

Bist du bereit dazu,
ihrer leuchtenden Bahn
Folge zu leisten,
um aus deinen Verirrungen
aufzubrechen
und das heilvolle Ziel zu erreichen,
das schon zum Greifen
nahe liegt?

Wenn du traurig bist

und dein Herz
zu einer Herberge der Angst
geworden ist,
dann möge das
»Fürchte dich nicht!« der Engel
wenigstens eine Spur von Licht
in deine Dunkelheit bringen.
Wer wagt denn schon
mit Sicherheit zu behaupten,
dass es heute keine
Wunder mehr gibt?

Wonach
suchst du eigentlich,
wenn nicht nach dem Himmel,
der schon bald
über dir aufreißt
und dir für den Rest
deines Lebens
die frohe Botschaft
ins Herz flüstern will:
Vieles in deinem Leben
wird wieder heil!

Das Wort »Gnade«
scheint dir altertümlich
und ein wenig
zu »fromm« zu sein.

Doch sein Inhalt
ist auch heute noch aktuell,
denn Gnade bedeutet,
unverdientes Glück
geschenkt zu bekommen.

Es ist Gnade,
wenn du unverhofft
wieder gesund wirst
oder nur mit knapper Not
einem Unheil entkommst.

Es ist Gnade,
wenn dir eine tiefe Freundschaft
oder eine erfüllte Liebesbeziehung
zuteil wird.

Es ist Gnade,
wenn du in aller Ausweglosigkeit
die Hoffnung auf Zukunft
nicht völlig verlierst.

In diesem Sinne wünsche ich dir
eine »gnadenbringende Weihnachtszeit«.

*Was kannst du
einem anderen Menschen*
Schöneres schenken
als ein Paket
guter Gedanken?
Ein zärtliches
oder tröstendes Wort,
ein aufrichtiges:
»Ich habe dich lieb«
oder, so nötig, ein:
»Bitte, vergib!«

Du sagst, du würdest gerne einmal
nach Bethlehem reisen,
um dir den Geburtsort Jesu anzusehen,
doch der Flug sei dir zu teuer und zu lang.

Warum hütest du nicht das Kind
des jungen Ehepaares von gegenüber
oder leistest der alten Frau
Gesellschaft,
die am Ende deiner Straße wohnt
und den Tod ihres Mannes
noch immer nicht verkraftet hat?
Warum suchst du den,
der in Bethlehem geboren
und auf Golgatha gekreuzigt wurde,
nicht dort, wo er heute lebt?

Manchmal nur
ein paar Schritte weit
von dir entfernt.

Heute
singen die Engel
im Himmel
und tanzen vor Freude
über das Wunder,
das die Wunden der Welt heilen
und alles Dunkle
zum Guten hin
verwandeln will.

Lass dich mit hineinnehmen
in ihren fröhlichen Reigen,
und du wirst spüren, wie auch dir
selbst
für das Leben
auf der Erde
Flügel wachsen.

Möge die heilig-heilende Nacht
deine Seele ergreifen
und alle Vorurteile in dir
zerstreuen und
in Luft auflösen.

Möge in dir die Achtung
vor der Würde eines
jeden Menschen wachsen,
welcher Hautfarbe oder Rasse,
welcher Nationalität oder Religion,
oder welchem Geschlecht
er auch angehört,
damit das Zusammenleben auf Erden
von gegenseitigem Respekt
getragen wird,
der grenzen – los ist.

Geh an die Krippe

und lass das Wunder
in dich ein,
dass all deine Hoffnungen
noch lange nicht
ausgeträumt sind.

Die frohe Erwartung
auf erfülltes Leben
kommt in deiner Seele heute
– völlig überraschend –
noch einmal neu
zur Welt.

Ich wünsche dir,

dass sich der Himmel über dir öffnet
und Heerscharen von Engeln
die Botschaft vom Frieden
mitten in dein Herz singen.

Mögest du dich aufmachen,
um Unklarheiten und Missverständnisse,
die dich von anderen Menschen trennen,
aus dem Weg zu räumen.
Jeder noch so kleine Schritt
zu versöhntem Leben
ist ein Baustein für den Frieden
in der Welt.

Manchmal bist du
durch schmerzhafte Ereignisse
so verunsichert,
dass du nicht weißt,
wie es überhaupt mit dir
weitergehen soll.

Möge dir in solchen Zeiten
ein Stern am Himmel
hell aufleuchten.
Möge er dir
– wie einst den drei Weisen
aus dem Morgenland –
den Weg aufzeigen,
an dessen Ende dir klar wird,
was für dich hilfreich
und wesentlich ist.

Ich wünsche dir,

dass du die Festtage
mit ganzem Herzen
genießen kannst
und dass du Freude hast
an dem bunten Weihnachtsschmuck
und an dem guten Essen
auf dem Tisch.

Zugleich wünsche ich dir,
dass du aus vollem Herzen
und mit ungeteiltem Engagement
etwas für jene Menschen
in der Welt übrig hast,
die weder heute
noch morgen
satt werden können.

Friede sei über dir
von einem Ende des Horizonts
bis zum anderen,
damit du behütet bleibst
vom Aufgang der Sonne
bis tief in die Nacht.

Friede sei mit dir,
wo immer du auch unterwegs bist,
damit du heiter und unbesorgt
dein Tagewerk vollbringen
und des Nachts angstfrei
schlafen kannst.

Friede sei in dir
bei allem, was du denkst,
sagst oder tust,
damit durch dich
ein Stück vom Himmel
auf dieser Erde spürbar wird.

Heute klingen die Glocken
heller als sonst.

Heute strahlen die Sterne
klarer als sonst.

Heute neigt sich
der gütige Himmel
tief hinab bis
in dein Herz.

Bildnachweis:

Fridmar Damm: Titelbild
Michael Jordan: Seite 24
Jörn Sackermann: Seite 8
Peter Santor: Seite 15, 39
Karl-Heinz Schlierbach: Seite 40, 43
Gerd Weissing: Seite 11, 20, 22/23, 27, 28, 31, 35
Bildarchiv Kiefel: Seite 7, 12, 16, 19, 32, 36

Bibliografische Information Der Deutschen Bibliothek
Die Deutsche Bibliothek verzeichnet diese Publikation in der Deutschen Nationalbibliografie; detaillierte bibliografische Daten sind im Internet über http://dnb.ddb.de abrufbar.

ISBN 3-579-05795-2

Gestaltung: INIT GmbH, Bielefeld
Reproduktion: Scanlight, Marienfeld
Druck und Verarbeitung: Proost, Turnhout, Belgien

www.kiefelverlag.de